So wird es gemacht:

Öffne das LÜK®-Kontrollgerät und lege die Plättchen in den unbedruckten Deckel. Jetzt kannst du auf den Plättchen und im Geräteboden die Zahlen 1. bis 24. sehen.

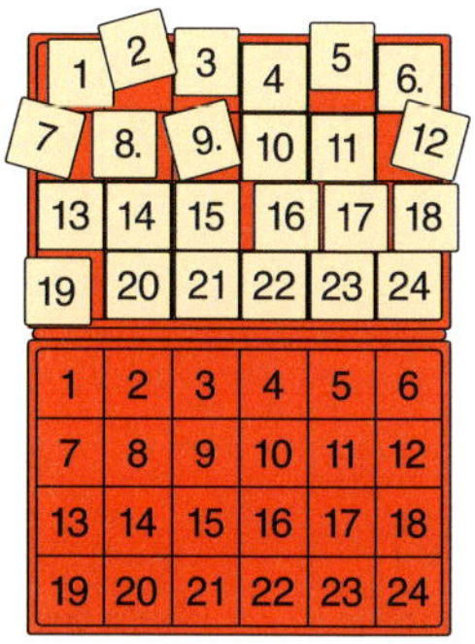

Beispiel: Seite 4

Gebirge und Berge der Erde

Nimm Plättchen 1., lies die Frage und suche die passende Lösung.
Der Himalaya befindet sich in Asien. – richtig mit der Lösungszahl 18.
Das ist auch die Feldzahl im Kontrollgerät, auf die du das Plättchen legen musst.
Lege also Plättchen 1. auf das Feld 18 im Geräteboden.
Die Zahl 1 muss nach oben zeigen.

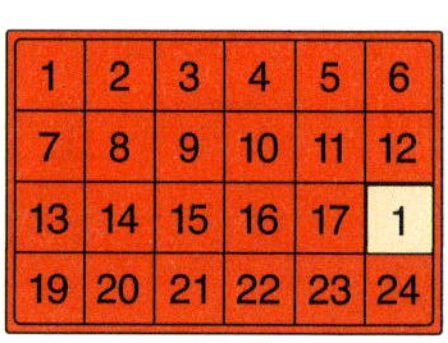

So arbeitest du weiter, bis alle Plättchen im Geräteboden liegen. Schließe dann das Gerät und drehe es um.
Öffne es von der Rückseite.

Wenn du das bei der Übungsreihe abgebildete Lösungsmuster siehst, hast du alle Aufgaben richtig gelöst.

Passen einige Plättchen nicht in das Muster, dann hast du dort Fehler gemacht. Drehe diese Plättchen da, wo sie liegen, um, schließe das Gerät, drehe es um und öffne es wieder.
Jetzt kannst du sehen, welche Aufgaben du falsch gelöst hast.

Nimm diese Plättchen heraus und suche die richtigen Ergebnisse. Kontrolliere dann noch einmal. Stimmt jetzt das Muster?

Das System ist für alle Übungen gleich: Die roten Aufgabennummern im Heft entsprechen immer den LÜK-Plättchen aus dem Kontrollgerät. Die Feldzahlen bei den Lösungen sagen dir, auf welche Felder im Kontrollgerät du die Plättchen legen sollst.

Bei der Lösung der Aufgaben hilft dir auch ein Blick in den Diercke-Weltatlas.

Und nun viel Spaß!

Die Erde als physische Karte

▲ höchster Berg
Höhenangabe in Meter (m)

▼ tiefste Stelle im Ozean
Höhenangabe in Meter (m)

Franz-Josef-Land
Spitzbergen
Nordkap
Barents-see
Nowaja Semlja
Karasee
Kap Tscheljuskin
Taimyr-Halbinsel
Laptewsee
Ostsibirische See
Alaska
Kap Deschnew
NORDAMERIKA
Werchojansk
Werchojansker Gebirge
Nördlicher Polarkreis
Kola
Salechard
Ob
Sibirien
Lena
Ural
Ladogasee
Wolga
Moskau
Jenissei
Irtysch
Nowosibirsk
Baikalsee
Jablonowyjgebirge
Stanowoigebirge
Kamtschatka
Beringmeer
Aleuten
Aleutengraben
Ochotskisches Meer
Amur
Altai
ASIEN
Gobi
Mandschurei
Kaspische Senke
Kaukasus
5642 Elbrus
Schwarzes Meer
Kaspisches Meer
Turan
Tian Shan
Tarimbecken
Shan
Peking
Japanisches Meer (Ostmeer)
Honshu
Tokio
Korea
Hindukusch
Kunlun Shan
Hochland von Tibet
Huang He
Ostchinesisches Meer
Japangraben
10554
Mesopotamien
Hochland von Iran
Himalaya
Mount Everest 8846
Jangtsekiang
Kairo
Indus
Thar
Delhi
Ganges
Südchinesisches Bergland
Guangzhou
Arabien
Rotes Meer
Nil
Tibesti
Indien
Mumbai
Marianen
Marianengraben
Arabisches Meer
Golf von Bengalen
Bangkok
Mekong
Andamanen
Philippinen
Philippinengraben
Witjastief 11034
4620 Ras Daschan
Kap Guardafui
Südchinesisches Meer
10497
Hochland von Äthiopien
Nikobaren
Karolinen
Asandeschwelle
Kap Komorin
Sri Lanka
Malediven
Malaiischer Archipel
Kongo
Kongobecken
Mount Kenia 5199
3805 Kerinci
Borneo
Puncak Jaya 5030
Neuguinea
Planettief 9140
Victoriasee
5895 Kilimandscharo
Indischer Ozean
Sumatra
Kinshasa
Daressalam
Seychellen
Tschagos-Inseln
Kokos-Inseln
Java
7450
Sundagraben
Kap York
Darwin
Komoren
Arabisch-Indischer Rücken
Zentralindischer Rücken
Great Barrier Reef
Korallensee
Sambesi
Kalaharibecken
Str. v. Mosambik
Madagaskar
Maskarenen
AUSTRALIEN
Australisches Bergland
Australisches Tiefland
Johannesburg
Drakensberge
Kap der Guten Hoffnung
Perth
Darling
Australische Alpen
Sydney
Tasmansee
2230 Mount Kosciuszko
Westlicher Indischer Rücken
St. Paul
Indisch-Antarktischer Rücken
Tasmanien
Neuseeland
Kerguelen
Antarktis
Wostoksee
Transantarktisches Gebirge
Rossmeer
22378E
© westermann
30° östl. L.v.Gr.
60°
90°
120°
150°
180°

4 Gebirge und Berge der Erde

Welche der folgenden Aussagen sind richtig, welche falsch? Schau dir dazu die Karte auf den Seiten 2 und 3 an.

		richtig	falsch
1.	Der Himalaya befindet sich in Asien.	18	15
2.	Das Australische Bergland ist im Norden von Australien.	16	14
3.	Der Ural trennt Europa von Afrika.	10	22
4.	Der Elbrus ist ein Berg im Kaukasus.	17	11
5.	Die Appalachen sind im Osten von Nordamerika zu finden.	9	19
6.	Die Anden verlaufen an der gesamten Westküste Südamerikas.	13	3
7.	Das Altai ist ein Gebirge in Afrika.	12	2
8.	Das Atlasgebirge befindet sich in Südamerika.	23	6
9.	Das Tibestigebirge ist in der Sahara.	21	7
10.	Der Ras Daschan befindet sich im Kongo-Becken.	20	10
11.	Das Brasilianische Bergland befindet sich in Europa.	24	5
12.	Die Berge im Süden Afrikas heißen Drakensberge.	1	18

Wie heißen die höchsten Berge und die tiefsten Stellen im Ozean?

13.	Der höchste Berg der Erde ist der …	Mount McKinley.	5
		Mount Everest.	24
14.	Der Kilimandscharo ist …	5 500 m hoch.	22
		5 895 m hoch.	20
15.	Der höchste Berg im Himalaya heißt …	Mount Everest.	15
		Taurus.	18
16.	Der höchste Berg in Europa befindet sich in den ...	Alpen.	23
		Anden.	1
17.	Das Witjastief 1 befindet sich im …	Indischen Ozean.	6
		Pazifischen Ozean.	8
18.	Am Südpol liegt der ...	Mount Everest.	2
		Mount Vinson.	16
19.	Das Milwaukeetief ist …	- 9 219 m tief.	7
		- 900 m tief.	21
20.	Der höchste Berg Australiens heißt …	Mount McKinley.	14
		Mount Kosciuszko.	12
21.	Der Aconcagua liegt in …	Südamerika.	3
		Australien.	4
22.	Die tiefste Stelle der Erde ist das …	Witjastief 1.	19
		Milwaukeetief.	23
23.	Das Planettief liegt im …	Pazifischen Ozean.	11
		Indischen Ozean.	17
24.	Der Mount McKinley liegt in den …	Rocky Mountains.	4
		Anden.	13

Wie heißen die Meere, Flüsse, Seen ...?

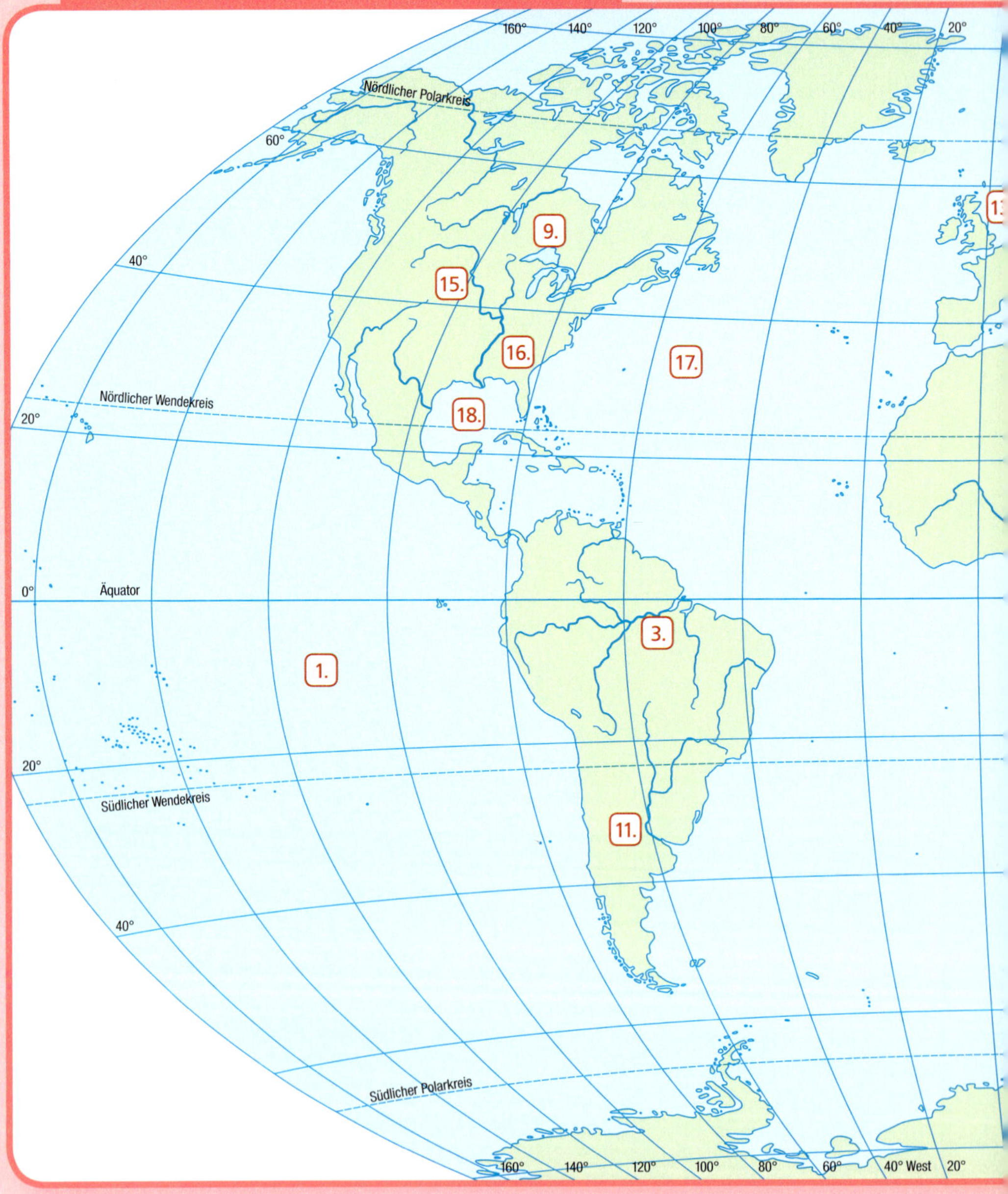

- Pazifischer Ozean 13
- Paraná 8
- Kap der Guten Hoffnung 22
- Nil 11
- Baikalsee 19
- Kaspisches Meer 15
- Darling 2
- Amazonas 18
- Wolga 21
- Victoriasee 16
- Mekong 24
- Oberer See 5

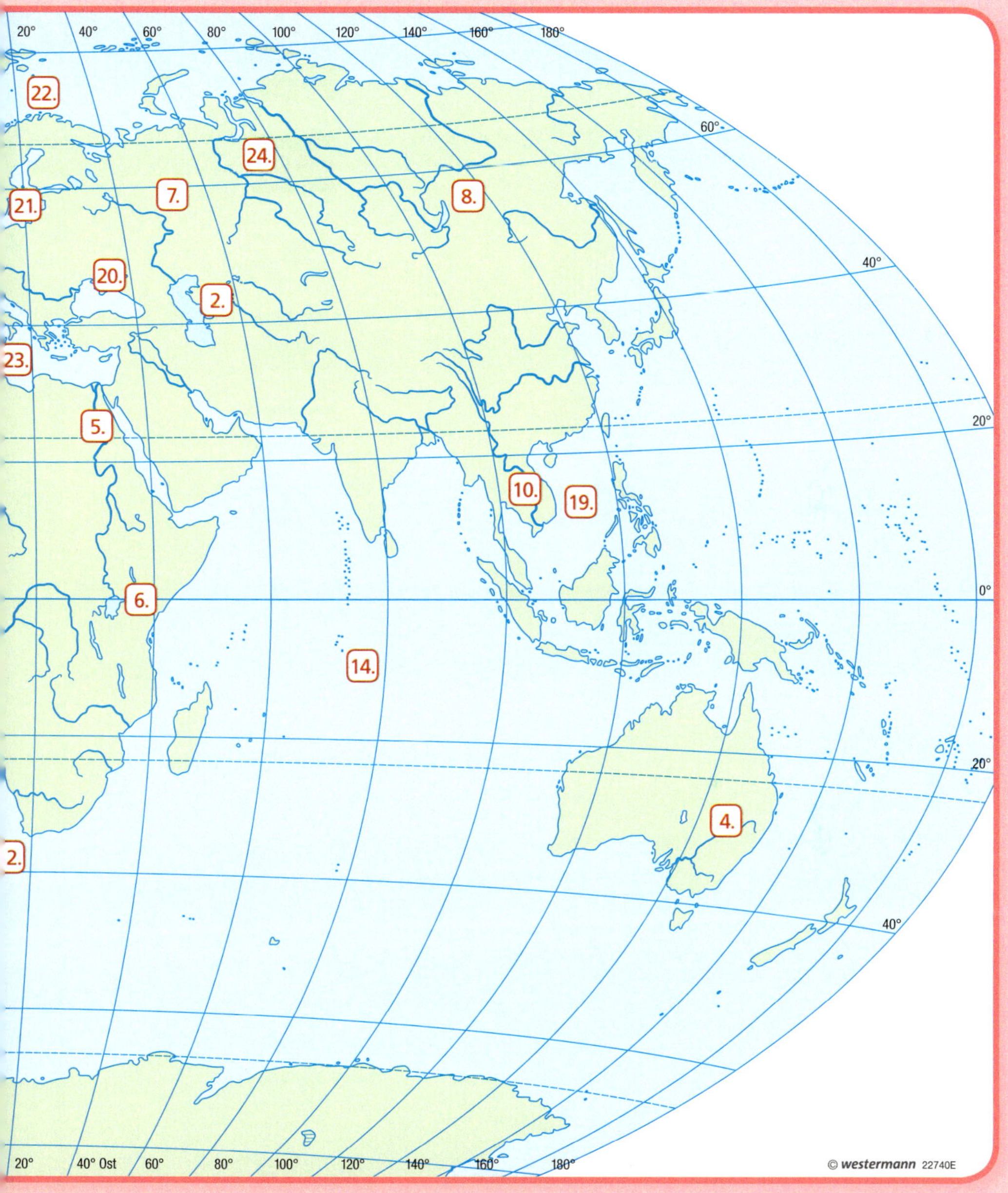

Nordsee 1	Mittelmeer 20	Atlantischer Ozean 9	Nordkap 4
Ostsee 23	Missouri 17	Mississippi 14	Südchinesisches Meer 10
Ob 12	Indischer Ozean 3	Schwarzes Meer 7	Golf von Mexiko 6

Kennst du dich aus mit ...

Welche Flagge gehört zu welchem Land?

1.	Griechenland		20		23
2.	Kenia		13		22
3.	Kanada		23		15
4.	Fidschi		19		14
5.	Israel		20		11
6.	Venezuela		18		21

Wie groß sind die Länder?

7. In Südamerika ist Brasilien größer als ______________ .
8. Australien hat eine Fläche von ______________ .
9. Norwegen und ______________ haben fast die gleiche Fläche.
10. ______________ ist 1220813 km² groß.
11. In Afrika ist ______________ das größte Land.
12. China ist ______________ groß.

9572419 km² 10 | Argentinien 9 | Polen 24 | Algerien 8 | Südafrika 12 | 7692030 km² 7

Hilfe bei der Lösung der Aufgaben findest du auf den Seiten 40 und 41 sowie im Diercke-Weltatlas.

Wie viele Einwohner haben die Staaten?

13. Kuba
14. Nigeria
15. Italien
16. Sri Lanka

20 547 000	14
11 259 000	13
178 517 000	15
61 070 000	17

Welche Flächenangaben stimmen?

		richtig	falsch
17.	Neuseeland: 270 534 km²	4	24
18.	Deutschland: 357 121 km²	18	22
19.	USA: 78 866 km²	23	3
20.	Ägypten: 1 002 000 km²	2	14

Stimmt die Aussage?

		richtig	falsch
21.	Deutschland ist größer als Peru.	13	6
22.	Südkorea hat weniger Einwohner als Russland.	16	19
23.	Großbritannien ist kleiner als Namibia.	1	16
24.	Die Türkei hat weniger Einwohner als Belgien.	15	5

Staaten und ihre Hauptstädte

Vervollständige die folgenden Sätze.

1. Sucre ist die Hauptstadt von ______________________ .
2. Argentinien hat ______________________ Einwohner.
3. ______________________ ist die Hauptstadt von Chile.
4. Neu-Delhi ist die Hauptstadt von ______________________ .
5. Äthiopien hat ______________________ Einwohner.
6. Die Hauptstadt von Saudi-Arabien ist ______________________ .
7. Die Hauptstadt von Australien ist ______________________ .
8. Venezuela hat ______________________ Einwohner.
9. ______________________ ist die Hauptstadt von Marokko.
10. Zagreb ist die Hauptstadt von ______________________ .
11. Fidschi hat ______________________ Einwohner.
12. Wien ist die Hauptstadt von ______________________ .

Bolivien 24 | Santiago 21 | 41 803 000 20 | Riad 19

Canberra 7 | 30 851 000 17 | 96 506 000 15 | Kroatien 16

Österreich 14 | 887 000 12 | Indien 23 | Rabat 22

Stimmt das?

		richtig	falsch
13.	Die Hauptstadt von Mexiko heißt Mexiko-Stadt.	11	20
14.	Die Hauptstadt von Japan ist Tokio.	13	22
15.	Berlin ist die Hauptstadt von Frankreich.	24	9
16.	Montevideo ist die Hauptstadt von Uruguay.	18	19
17.	Islamabad ist die Hauptstadt vom Irak.	8	2
18.	Ottawa ist die Hauptstadt von Kanada.	10	23
19.	Bern ist die Hauptstadt von Schweden.	9	1
20.	Kabul ist die Hauptstadt von Afghanistan.	6	8
21.	Amsterdam ist die Hauptstadt von Costa Rica.	12	4
22.	Madrid ist die Hauptstadt von Dänemark.	21	8
23.	Quito ist die Hauptstadt von Peru.	7	5
24.	Suva ist die Hauptstadt von Fidschi.	3	11

Die Lebensbedingungen auf unserer Erde

Info

Wie alt werden die Menschen in einem Land? Welcher Teil der Bevölkerung kann lesen und schreiben? Wie viel Geld haben die Menschen zum Einkaufen im Durchschnitt zur Verfügung? Mithilfe der Antworten auf diese Fragen lassen sich Aussagen zu den durchschnittlichen Lebensbedingungen eines Landes treffen. Es wird deutlich, in welchen Ländern diese gut und wo sie verbesserungswürdig sind. So ist zum Beispiel der Schulbesuch in vielen Ländern nicht – wie bei uns – die normalste Sache der Welt, sondern oft sogar die Ausnahme. Wusstest du, dass im Niger nur die Hälfte aller Menschen über 14 Jahre lesen und schreiben kann?

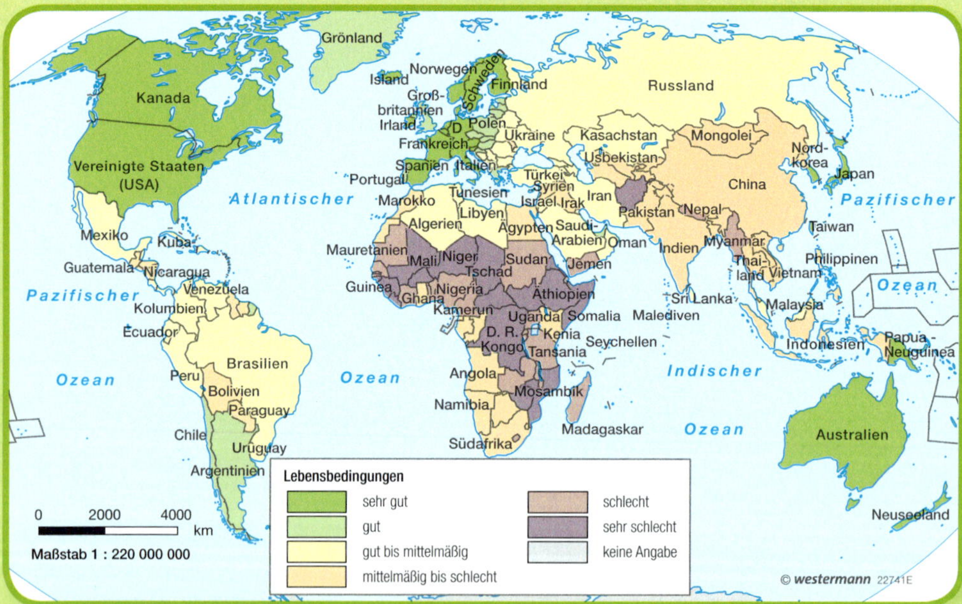

Stimmt das?

		richtig	falsch
1.	In Deutschland sind die Lebensbedingungen sehr gut.	11	23
2.	In Südamerika haben über die Hälfte der Länder mittelmäßige bis schlechte Lebensbedingungen.	21	4
3.	Wenn die Lebensbedingungen gut sind, sterben die Menschen früh.	24	8

Stimmt das?

		richtig	falsch
4.	In Afrika sind die Lebensbedingungen in vielen Ländern schlecht.	12	24
5.	In Europa haben die meisten Länder sehr schlechte Lebensbedingungen.	14	19
6.	In Australien können über 95 % der Menschen über 14 Jahre lesen und schreiben.	3	19
7.	In Äthopien können fast alle Menschen lesen und schreiben.	16	15
8.	In Südafrika sind die Lebensbedingungen mittelmäßig bis schlecht.	23	18
9.	In vielen Ländern Afrikas ist die Bildung eher schlecht.	7	19
10.	Je besser die Lebensbedingungen sind, desto länger leben die Menschen.	20	8
11.	Je besser die Bildung in einem Land ist, desto besser sind dort die Lebensbedingungen.	24	17
12.	In Nordamerika sind die Lebensbedingungen sehr schlecht.	15	16

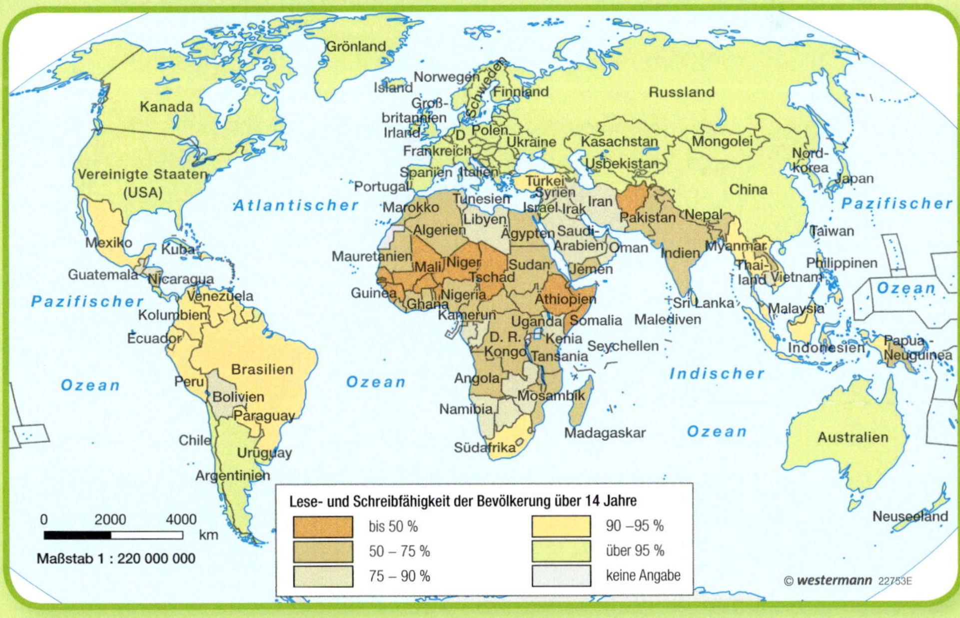

Was die Erde bewegt

Ordne die Platten zu.

Die Erdkruste (äußere Schicht der Erde) ist in sieben große und über 20 kleine, bis zu 100 Kilometer dicke Platten zerbrochen. Die Platten werden durch die Kräfte im Erdinneren bewegt. Sie bewegen sich um mehrere Zentimeter pro Jahr. Erdbeben entstehen häufig dort, wo diese Erdplatten aufeinandertreffen.

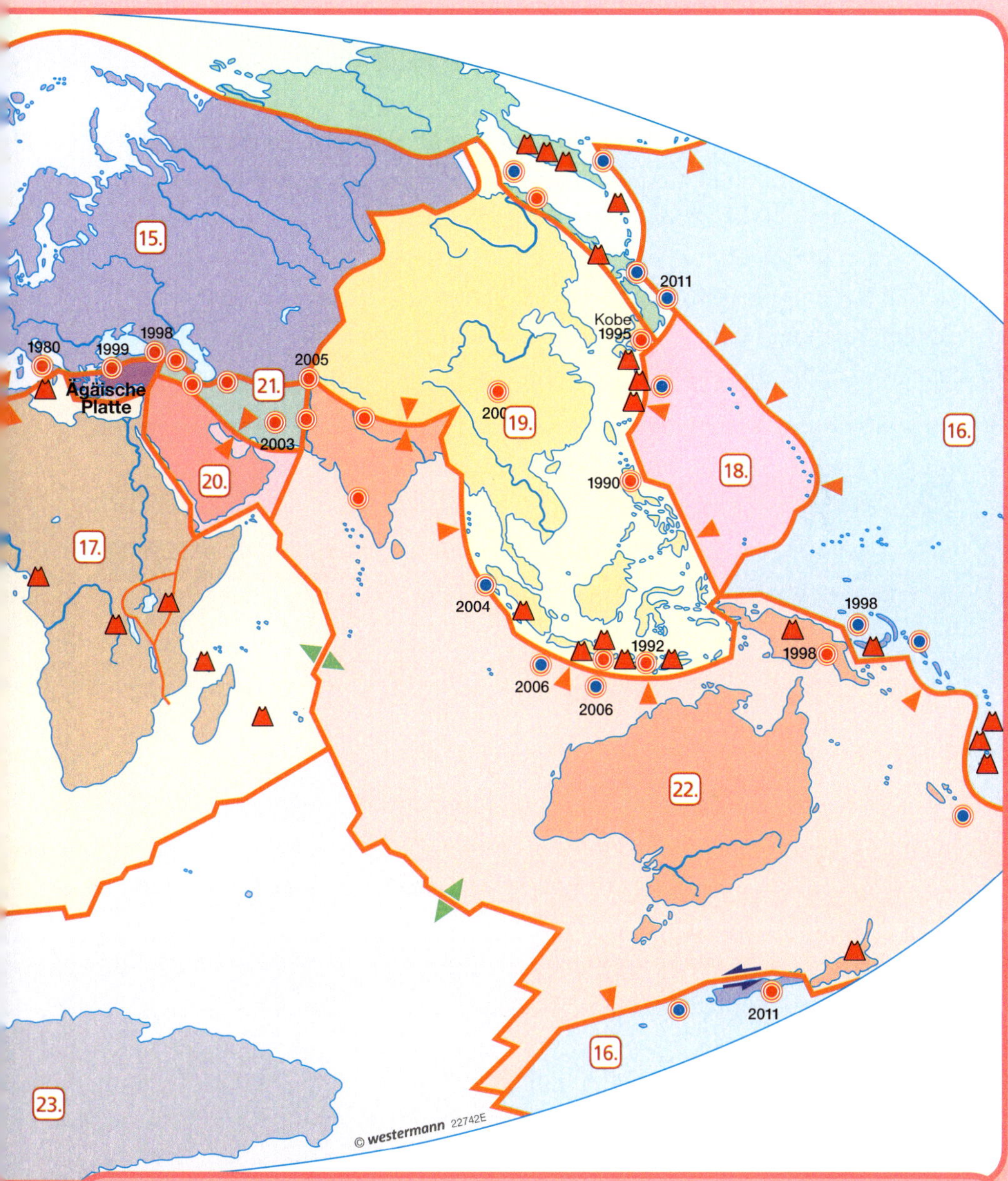

Nordamerikanische Platte 5	Eurasische Platte 1	Pazifische Platte 6
Afrikanische Platte 22	Südamerikanische Platte 9	Karibische Platte 14
Philippinische Platte 2	Chinesische Platte 21	Antarktische Platte 18
Iranische Platte 13	Indisch-Australische Platte 10	Arabische Platte 17

16 Europa zur Zeit der Römer

Der Sage nach wurde die Stadt Rom 753 v. Chr. gegründet. Zunächst war Rom nur einer von vielen Staaten auf der italienischen Halbinsel. Bis zum Jahr 270 v. Chr. eroberten die Römer jedoch ganz Italien und dann den gesamten Raum um das Mittelmeer. Amtssprache im ganzen Römischen Reich war Latein. Die äußere Grenze des Römischen Reichs wurde durch den Limes gesichert. Die Römer bauten in ihrem Reich ein großes Straßennetz. Die Händler transportierten darüber ihre Waren mit Pferdewagen und Ochsengespannen. Das römische Heer zog auf diesen Wegen in den Kampf. Das Römische Reich bestand für ungefähr 1 000 Jahre.

Stimmt das?

		richtig	falsch
1.	Das Mittelmeer heißt auf Latein Mare Internum.	18	12
2.	Aus Afrika kam Seide nach Rom.	4	21
3.	Britannia gehörte *nicht* zum Römischen Reich.	7	13
4.	Der Limes sicherte das Römische Reich.	6	11
5.	Köln hieß zur Zeit der Römer Colonia Agrippina.	14	19
6.	Die Römer betrieben Handel.	22	3
7.	Im Römischen Reich sprach man Französisch.	15	16
8.	Das Römische Reich bestand für ungefähr 1 000 Jahre.	5	23
9.	Aus Ägypten kamen Keramikwaren nach Rom.	1	8
10.	Die Stadt Rom wurde vor ungefähr 1 250 Jahren gegründet.	20	2
11.	Sarmatia gehörte zum Römischen Reich.	24	17
12.	Rom liegt auf der italienischen Halbinsel.	15	16

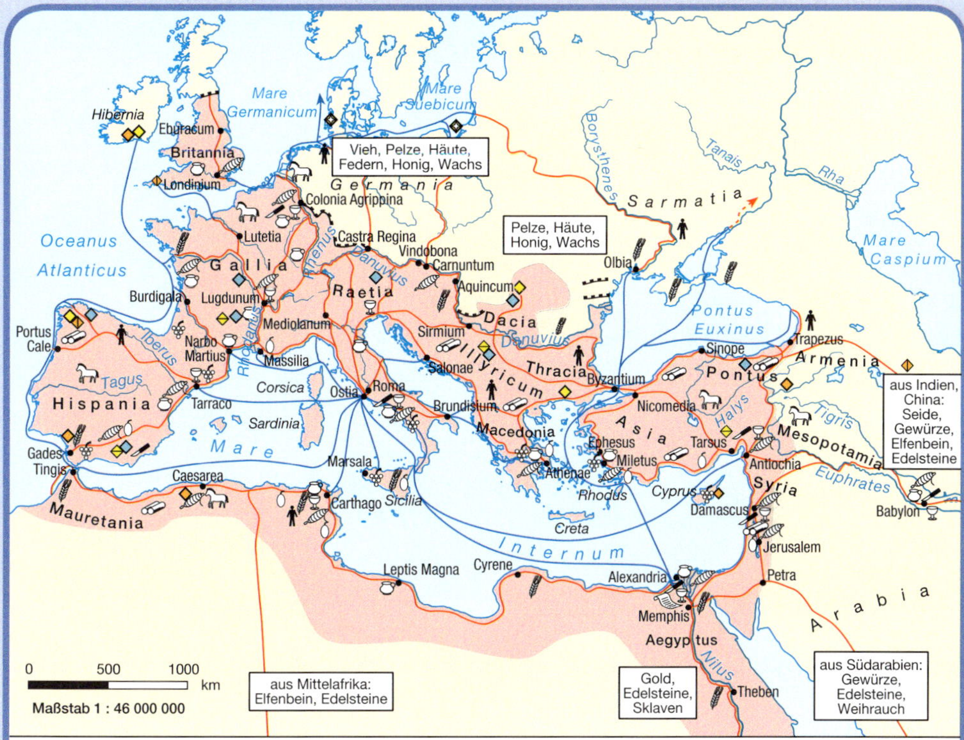

Handel und Wirtschaft im Römischen Reich um 200 n. Chr.

Römisches Reich (2. Jh. n. Chr.)
Grenzbefestigung
wichtiger Handelsweg

wichtige Handelsgüter

Eisen, Kupfer, Zinn, Gold, Silber, Bernstein, Metallwaren, Textilien, Stoffe, Keramik, Glas, Holz, Getreide, Wein, Olivenöl, Sklaven, Papyrus, Vieh

Das Zeitalter der Entdeckungen

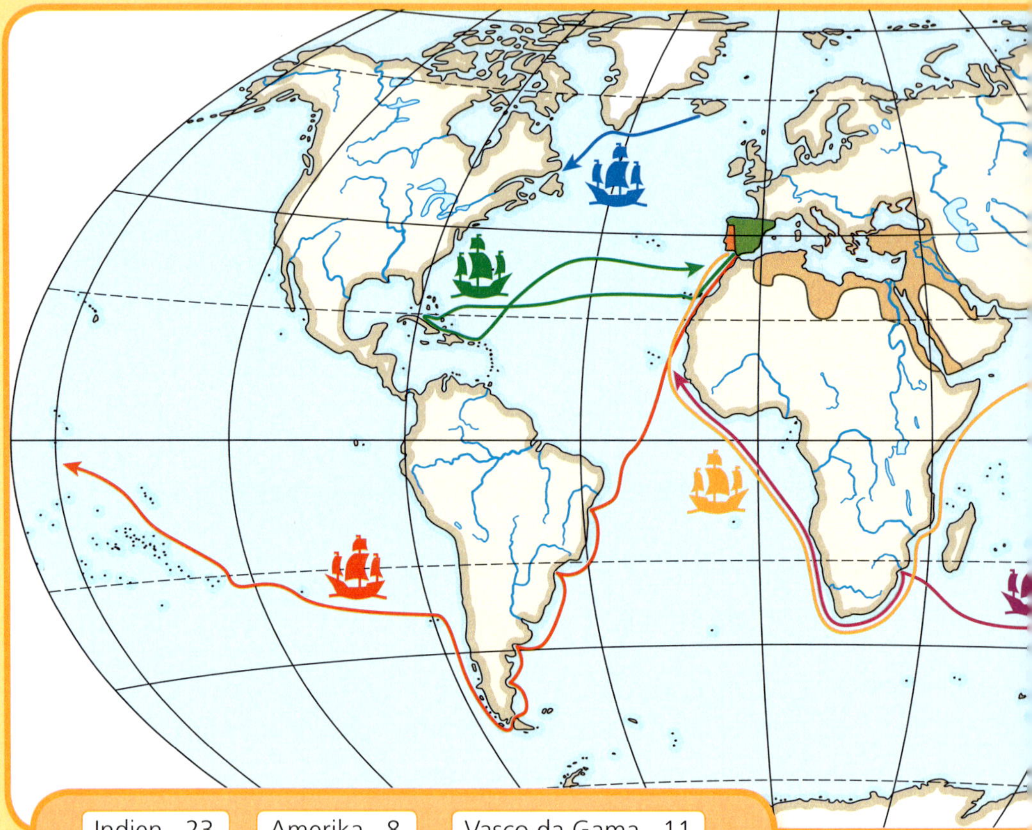

Indien 23	Amerika 8	Vasco da Gama 11
Entdeckungen 10	Afrika 3	Ferdinand Magellan 20

Vor rund 500 Jahren suchte man einen Seeweg Richtung 13., um Gewürze und andere Reichtümer aus dem Osten mit Schiffen nach Europa zu transportieren. Damit begann das Zeitalter der großen 14..
Christoph Kolumbus vermutete, dass er – wenn er nur weit genug nach Westen über den Atlantik segelte – nach Asien gelangen würde.
1492 entdeckte er 15.. Kolumbus war jedoch der Meinung, er hätte Indien erreicht und nannte die Ureinwohner Indianer.
Als Erste haben aber die Wikinger Amerika entdeckt.
16. wollte einen Seeweg nach Indien um 17. herum finden, indem er 1497 die Südspitze Afrikas umsegelte. Die erste Weltumsegelung in den Jahren 1519–1522 wurde von 18. begonnen und von J. S. Elcano vollendet.

Legende

Entdeckungsreisen der Seefahrer

1000	Leif Eriksson		Spanien
1492	Christoph Kolumbus		Portugal
1497	Vasco da Gama		Osmanisches Reich
1519-1522	Ferdinand Magellan/ J. S. de Elcano		

22752E

Stimmt das?

		richtig	falsch
19.	Vasco da Gama umsegelte das Kap der Guten Hoffnung.	4	7
20.	Auf dem Seeweg wollte man Gewürze transportieren.	12	11
21.	Die Wikinger umsegelten als Erste die Welt.	21	19
22.	Die Wikinger entdeckten Amerika.	9	8
23.	Kolumbus segelte um Afrika herum.	16	24
24.	Kolumbus erreichte bei seiner Entdeckungsfahrt nie Indien.	7	4

Die Besiedlung Nordamerikas

Die ersten Menschen gelangten vermutlich schon vor ca. 27 000 Jahren über [1.] nach Amerika.
Im nördlichen Nordamerika gab es viele [2.], die hauptsächlich Jäger und Fischer waren. Im Süden lebten sie vom Ackerbau. Es gab keine Staaten, aber große Städte und eine hoch entwickelte Kultur. 1492 kamen die ersten Europäer mit Segelschiffen nach [3.] und drangen in diese Welt ein.
Spanier, Franzosen und [4.] besiedelten im Laufe der nächsten Jahrhunderte Nordamerika und richteten dort [5.] ein. Die Europäer verschleppten später [6.] nach Amerika, um sie dort als [7.] arbeiten zu lassen.
Die indigenen (einheimischen) Menschen wurden aus den neu besiedelten Gebieten immer weiter verdrängt.
Die Siedler aus [8.] wollten Ende des 18. Jahrhunderts keine Kolonie mehr sein und erklärten 1776 ihre Unabhängigkeit:
Die [9.] (Vereinigte Staaten von Amerika) entstanden.

1492: Kolumbus erreicht Amerika

ab 1565: Erste von Europäern gegründete Siedlungen

16. bis 19. Jhd.: Eingeschleppte Krankheiten dezimieren die indigene Bevölkerung stark

1450 · 1475 · 1500 · 1525 · 1550 · 1575 · 1600 · 1625 · 1650 · 1675 · 1700 · 1725

16. Jhd. bis 1865: Stärkste Zeit der Sklaverei

Im 19. und 20. Jahrhundert kamen mehr und mehr 10. aus ganz Europa nach Amerika. Um 11. zu gewinnen, zogen die Siedler immer weiter nach Westen. Gleichzeitig wurden die indigenen Stämme in grausamen Kriegen aus ihren traditionellen Gebieten vertrieben. Die Grenzen der nordamerikanischen Staaten waren durch Kriege, Tauschgeschäfte und Verkäufe häufigen Änderungen unterworfen. Heute teilen sich drei Länder die gesamte Fläche Nordamerikas: die USA, Kanada und Mexiko. Die indigene Bevölkerung bildet dabei nur noch einen kleinen Teil der Einwohner. Die weitaus meisten von ihnen leben heute aber nicht in 12., sondern in Städten.

einheimische Stämme 16 | Asien 14 | Einwanderer 24

USA 18 | Afrikaner 15 | Amerika 17 | Europa 19 | Sklaven 3

Siedlungsland 2 | Engländer 13 | Kolonien 5 | Reservaten 4

Das Welterbe der Menschheit

17. Machu Picchu in Peru

18. Porta Nigra in Deutschland

19. Pyramiden von Giseh in Ägypten

Das Weltkulturerbe sind Kunstwerke und 13., die von der UNESCO als schützenswert angesehen werden, zum Beispiel der Kölner Dom.
Mit dem Begriff 14. werden Landschaften, Naturdenkmäler und Reservate versehen, in denen vom Aussterben bedrohte Tiere und Pflanzen leben.
Das Weltkulturerbe und das Weltnaturerbe bilden zusammen das schützenswerte 15. der Menschheit. Seit 1972 wird es von der UNESCO in einer Liste zusammengefasst. 16. ist eine Abkürzung für **U**nited **N**ations **E**ducational **S**cientific and **C**ultural **O**rganisation. Übersetzt heißt das: Sonderorganisation für Bildung, Wissenschaft, Kultur und Kommunikation der Vereinten Nationen.

UNESCO 20 | Welterbe 23 | Weltnaturerbe 21 | Baudenkmäler 1

20. Freiheitsstatue in den USA

21. Hindutempel von Prambanan in Indonesien

22. Islamischer Lehmtempel von Djenné in Mali

23. Ayers Rock in Australien

24. Akropolis in Griechenland

Klima und Wetter in Europa

Schau dir die Abbildungen an. Welche Aussagen stimmen?

		richtig	falsch
1.	Ein Klimadiagramm zeigt die durchschnittlichen Temperaturen und Niederschläge eines Jahres.	17	8
2.	In Europa gibt es verschiedene Klimazonen.	7	12
3.	In Valentia herrscht Mittelmeerklima.	21	16
4.	Die Sommer sind im gemäßigten mitteleuropäischen Übergangklima warm und feucht.	12	7
5.	In Kiew haben wir gemäßigtes nordeuropäisches Seeklima.	16	3
6.	Das Klima hat keinen Einfluss auf das Gedeihen von Pflanzen.	11	14
7.	Im gemäßigten osteuropäischen Landklima sind die Sommer trocken.	6	1
8.	In Spanien herrscht Mittelmeerklima.	5	2
9.	Manche Pflanzen benötigen für ihr Wachstum lange und warme Sommer.	15	22
10.	Eine Wetterkarte zeigt die durchschnittlichen Temperaturen und Niederschläge eines Jahres.	8	4
11.	Berlin hat Mittelmeerklima.	1	6
12.	Die Winter sind im Mittelmeerklima mild und feucht.	2	5

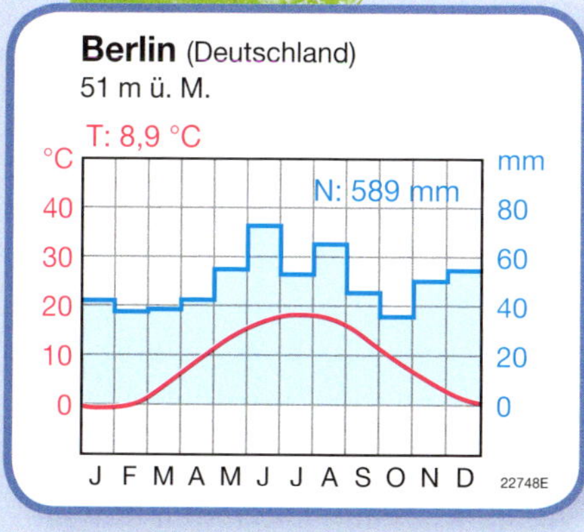

Berlin (Deutschland)
51 m ü. M.
T: 8,9 °C
N: 589 mm
°C
mm
J F M A M J J A S O N D
22748E

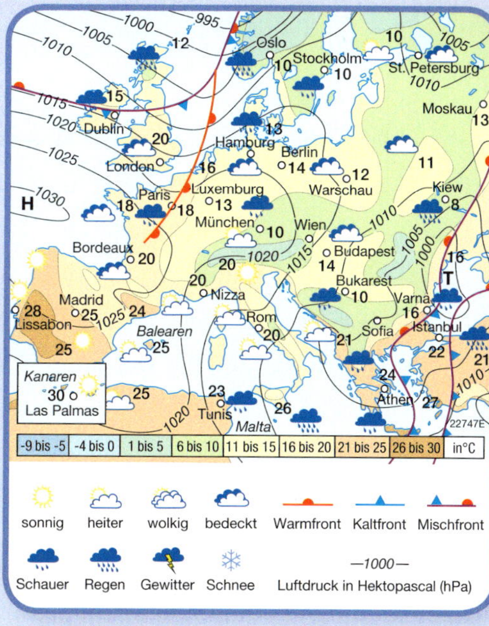

Oslo
Stockholm
St. Petersburg
Moskau
Dublin
London
Hamburg
Berlin
Warschau
Kiew
Paris
Luxemburg
München
Wien
Budapest
Bordeaux
Bukarest
Nizza
Madrid
Lissabon
Balearen
Rom
Sofia
Varna
Istanbul
Kanaren
Las Palmas
Tunis
Malta
Athen
H
T
22747E
-9 bis -5
-4 bis 0
1 bis 5
6 bis 10
11 bis 15
16 bis 20
21 bis 25
26 bis 30
in °C
sonnig
heiter
wolkig
bedeckt
Warmfront
Kaltfront
Mischfront
Schauer
Regen
Gewitter
Schnee
—1000—
Luftdruck in Hektopascal (hPa)

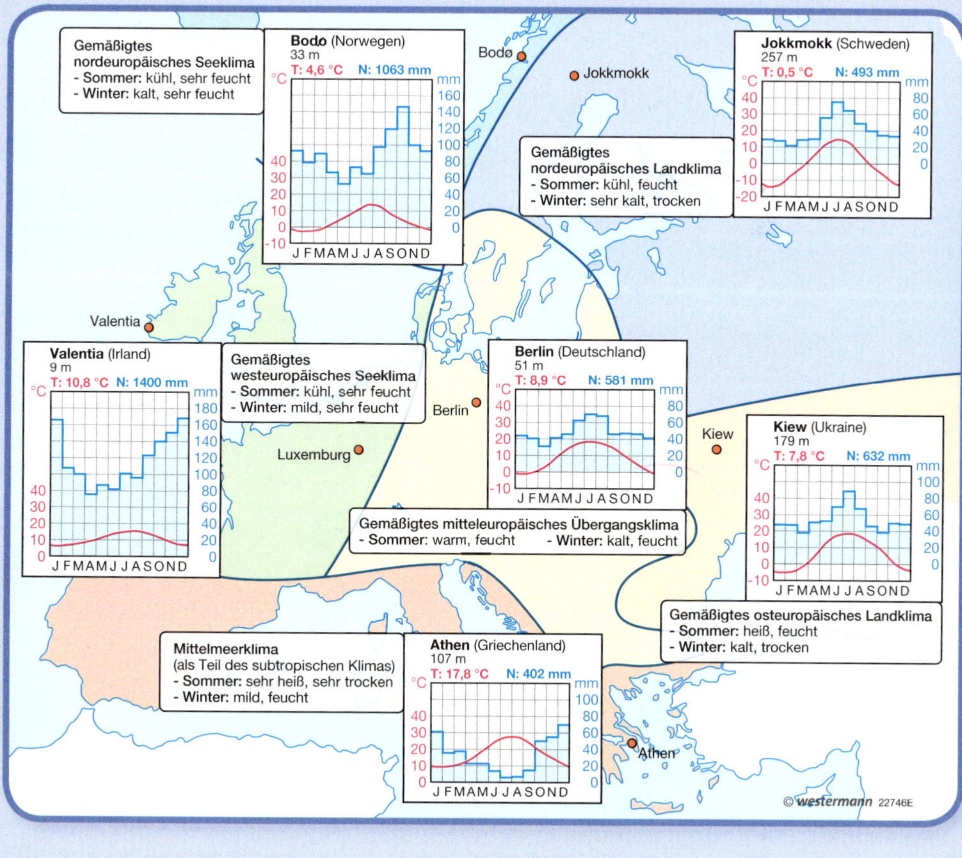

Gemäßigtes nordeuropäisches Seeklima
- Sommer: kühl, sehr feucht
- Winter: kalt, sehr feucht
Bodø (Norwegen)
33 m
T: 4,6 °C
N: 1063 mm
Bodø
Jokkmokk
Jokkmokk (Schweden)
257 m
T: 0,5 °C
N: 493 mm
Gemäßigtes nordeuropäisches Landklima
- Sommer: kühl, feucht
- Winter: sehr kalt, trocken
Valentia
Valentia (Irland)
9 m
T: 10,8 °C
N: 1400 mm
Gemäßigtes westeuropäisches Seeklima
- Sommer: kühl, sehr feucht
- Winter: mild, sehr feucht
Berlin
Berlin (Deutschland)
51 m
T: 8,9 °C
N: 581 mm
Luxemburg
Kiew
Kiew (Ukraine)
179 m
T: 7,8 °C
N: 632 mm
Gemäßigtes mitteleuropäisches Übergangsklima
- Sommer: warm, feucht
- Winter: kalt, feucht
Gemäßigtes osteuropäisches Landklima
- Sommer: heiß, feucht
- Winter: kalt, trocken
Mittelmeerklima
(als Teil des subtropischen Klimas)
- Sommer: sehr heiß, sehr trocken
- Winter: mild, feucht
Athen (Griechenland)
107 m
T: 17,8 °C
N: 402 mm
Athen
J F M A M J J A S O N D
© westermann 22746E

Das Klima an den Polen

Unsere Erdkugel hat im Norden und im Süden je eine Polkappe, die von Eis bedeckt ist. Das Gebiet am 13. ist die Arktis. Sie ist eine „gefrorene" Insel- und Meereswelt. Das Meer in der Arktis heißt 14. und ist bis zu 15. Meter tief. Es ist das ganze Jahr über von einer riesigen Eisschicht bedeckt.
Grönland ist die größte eisbedeckte 16. der Welt!
Ungefähr neun Monate im Jahr bleibt die Temperatur unter 0 Grad Celsius.
Wenn es wärmer wird und das Eis taut, verwandelt sich die Natur stark:
Man sieht eine baumlose, steinige Landschaft mit Flechten, Moosen, blühenden Pflanzen und Gräsern. Diese nennt man 17..
Die Antarktis umfasst die Gebiete um den 18.. Der kälteste Kontinent der Erde beherbergt eine 19. aus Schnee und Eis.

Das Eis der Antarktis ist zum Teil sehr alt – bis zu 20. Jahre!
Forscher können durch Bohrungen in das Eis feststellen, welches Klima vor vielen Tausend Jahren herrschte, ob es sehr heiß oder sehr kalt auf der Erde war. Die kalten Zeiten auf der Erde werden 21. genannt und warme Zeiten 22. .
Nicht nur das Eis wird erforscht, sondern auch die Tierwelt der Arktis und der Antarktis. Pinguine, 23. und Wale sind durch ihre dicken Fettpolster vor der Kälte geschützt. In dem kalten, nährstoffreichen Wasser leben auch große Schwärme von 24. (Krebstiere). Er ist die Hauptnahrung der Bartenwale.

Nordpolarmeer 19	Warmzeiten 20	Südpol 22	200 000 11
Krill 10	Tundra 13	5 000 21	Insel 24
Landschaft 8	Eiszeiten 9	Robben 18	Nordpol 23

Antarktis

28 Was ist das Besondere an Asien?

Das [1.] begrenzt Asien im Norden.
Im Osten wird Asien vom Pazifischen Ozean und im Süden vom [2.] begrenzt.
Zu [3.] hin gibt es keine eindeutige geographische Grenze.
Deshalb fasst man die beiden Kontinente häufig zu dem [4.] Eurasien zusammen. Asien ist ein Kontinent der Superlative!
Mit seinen ca. 45 Millionen Quadratkilometern ist er flächenmäßig der [5.] weltweit. Russland ist das flächenmäßig größte Land in Asien.

In Asien leben zurzeit etwa [6.] Menschen.
Damit ist Asien nicht nur der größte, sondern auch der [7.] Kontinent der Erde.
China ist das bevölkerungsreichste asiatische Land.
Ein weiteres Superlativ Asiens liegt ebenfalls in China:
Die Chinesische Mauer ist das längste Bauwerk der Welt.

Ebenso findet man die höchste Gebirgskette der Erde in Asien: den [8.].
Zehn der höchsten Berge der Erde findet man hier, alle sind über [9.] hoch!
Auch den mit [10.], tiefsten und ältesten [11.], den Baikalsee, den tiefsten Meeresgraben, den [12.], und das tiefstgelegene Meer, das Tote Meer, kann man in Asien entdecken.

Nordpolarmeer 12	Superkontinent 11	Binnensee 6	1 642 Meter 2
größte 1	bevölkerungsreichste 21	Europa 7	Indischen Ozean 9
4 Milliarden 10	8 000 Meter 8	Marianengraben 22	Himalaya 5

Nordpolarmeer
Frank-
reich
Deutsch-
land
Schweden
Finnland
Estland
Lettland
Litauen
Polen
Weißrussland
Moskau
Ungarn
Rumänien
Ukraine
Moldau
Bulgarien
Russland
(russische
Verwaltung)
Baikalsee
Ankara
Türkei
Georgien
Tiflis
Zypern
Armenien
Jerewan
Aserbaidschan
Baku
Libanon
Beirut
Syrien
Damaskus
Israel
Jerusa-
lem
Amman
Jordanien
Bagdad
Irak
Teheran
Iran
Astana
(Akmola)
Kasachstan
Usbekistan
Turkmenistan
Taschkent
Ashgabat
Bishkek
Kirgisistan
Dushanbe
Tadschikistan
Afghanistan
Kabul
Islamabad
Pakistan
Ulan-Bator
Mongolei
Peking
Nord-
korea
Pjongjang
Seoul
Südkorea
Tokio
Japan
Pazifischer
Ozean
China
Himalaya
Neu-Delhi
Nepal
Kathmandu
Bhutan
Thimphu
Kuwait
Saudi-
Arabien
Riad
Bahrain
Katar
Abu Dhabi
Verein.
Arab. Emirate
Maskat
Oman
Sana
Jemen
Sokotra
(Jemen)
Indien
Dhaka
Bangla-
desch
Myanmar
(Birma)
Naypyidaw
Hanoi
Laos
Vientiane
Thailand
Bangkok
Vietnam
Kambodscha
Phnom
Penh
Taipeh
Taiwan
Philippinen
Manila
Marianengraben
Melekeok
Lakkadiven
(Indien)
Andamanen
(Indien)
Indischer
Ozean
Sri
Lanka
Colombo
Malediven
Male
Nikobaren
(Indien)
Malaysia
Brunei
Bandar Seri Begawan
Kuala
Lumpur
Singapur
Indonesien
Jakarta
Timor-Leste
Dili
Seychellen
Victoria
Amiranten
(Seych.)
Tschagos-Inseln
(Großbritannien)
22749E

Woher kommt meine Jeans?

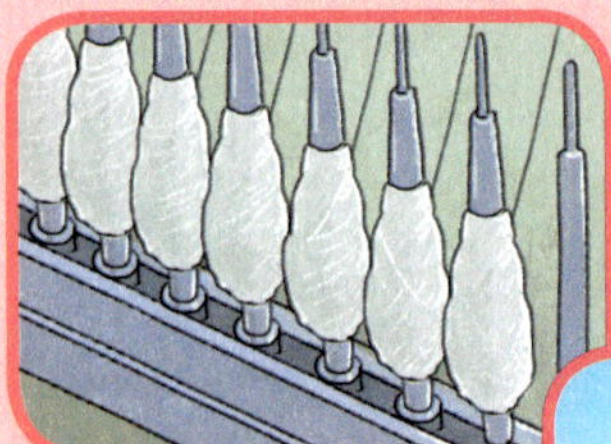

Bevor du eine Jeans im Laden kaufen kannst, hat sie einen sehr weiten Weg – eine Weltreise – hinter sich. So könnte der Produktionsablauf aussehen:

Die Baumwolle wird in den 13. angebaut.

Aus der Baumwolle wird in der 14. Garn gesponnen.

Mit Farbe aus Deutschland wird das Garn in 15. blau gefärbt.

In 16. werden aus dem gefärbten Garn Stoffe gewebt.

Das Innenfutter und die kleinen Schildchen mit den Hinweisen fürs Waschen und Bügeln werden in 17. hergestellt. Knöpfe und Nieten werden in 18. produziert. Alle Einzelteile werden nach 19. geflogen.

Dort werden die Hosen nach Schnittmustern, die in 20. entworfen wurden, zusammengenäht. In 21. werden die fertigen Hosen bearbeitet, damit sie getragen aussehen.

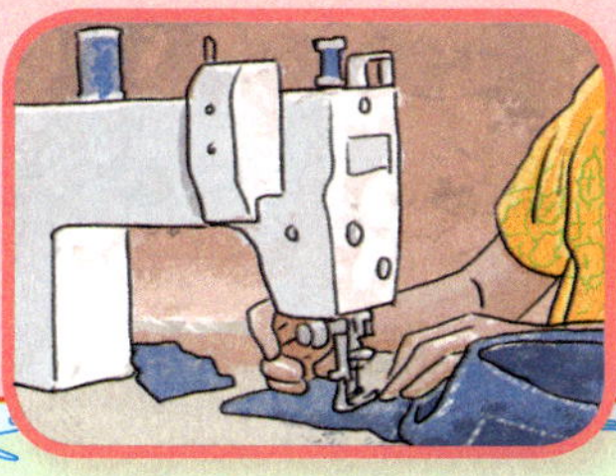

In 22. wird die Jeans dann im Laden verkauft.

Wenn die Jeans nicht mehr getragen wird, kommt sie in den Altkleidercontainer.

In den 23. werden die Altkleider sortiert.

Jeanshosen, die noch heil sind und die man noch tragen kann, kommen nach 24. und werden dort erneut verkauft.

Türkei 3 | China 16 | Deutschland 4 | Polen 24

Griechenland 14 | Schweden 18 | Italien 20 | Afrika 13

USA 23 | Niederlanden 17 | Frankreich 15 | Taiwan 19

32 Bodenschätze und Industrie in Afrika

Afrika ist reich an Bodenschätzen, z. B. Erdöl, Kupfer, Diamanten und Gold. 90 Prozent des gesamten Goldvorkommens der Erde findet man in Afrika.

Stimmt das?

		richtig	falsch
1.	Im Tschad gibt es Gold.	14	7
2.	Erdöl hat in der Legende das Symbol .	5	4
3.	Steinkohle wird im Niger abgebaut.	16	17
4.	Im Senegal findet man Phosphat.	2	13
5.	In Mali ist die optische Industrie sehr stark.	5	4
6.	In Luanda (Angola) spielt der Fischfang eine wichtige Rolle.	12	15
7.	In der Demokratischen Republik Kongo werden Diamanten abgebaut.	17	2
8.	In Namibia wird Holz verarbeitet.	6	1
9.	In Simbabwe findet man Gold und Platin.	15	19
10.	Am Victoriasee werden Nahrungsmittel verarbeitet.	3	6
11.	In Addis Abeba wird Bauxit gewonnen.	2	14
12.	Durch den Tschad verläuft eine Erdölleitung.	4	6
13.	In Südafrika wird Buntmetall verhüttet.	19	21
14.	Im Kongo wird Blei gewonnen.	21	11
15.	Durch Algerien und Marokko verläuft eine Erdgasleitung nach Europa.	22	23
16.	In der Legende hat Coltan das Symbol .	8	18
17.	In Eritrea werden Textilien hergestellt.	23	20
18.	In Kamerun konzentriert sich die Wirtschaft im Osten des Landes.	24	21
19.	In Mali wird Uran abgebaut.	9	18

		richtig	falsch
20.	In Libyen werden Erdöl und Erdgas gefördert.	13	10
21.	In Mauretanien dominiert die Elektroindustrie.	7	9
22.	Durch den Sudan und den Südsudan verläuft eine Erdgasleitung bis zum Roten Meer.	5	24
23.	In Ägypten haben sich viele Betriebe am Nil angesiedelt.	20	7
24.	In Mogadischu wird Steinkohle abgebaut.	2	10

Tiere in Australien …

In Australien sind über 200 000 Tier- und 22 000 Pflanzenarten beheimatet. Viele von ihnen gibt es nur dort, z. B. das Känguru.

Paradiesvogel 11	Kakadu 12	Ameisenigel 2	Koala 22
Lachender Hans 7	Wombat 21	Schnabeltier 6	Taipan 1
Känguru 16	Beutelteufel 15	Emu 8	Beutelmaus 5

In Südamerika gibt es viele verschiedene Klimazonen und Großlandschaften. Eine davon ist das riesige Amazonasgebiet.
Der Amazonas fließt mit seinen zahlreichen Nebenarmen durch das größte zusammenhängende Regenwaldgebiet der Erde.

Brüllaffe 10 | Gürteltier 19 | Jaguar 20 | Faultier 23

Tukan 13 | Kolibri 9 | Ameisenbär 17 | Ara 24 | Uakari 4

Anakonda 14 | Blattschneiderameise 3 | Flachlandtapir 18

Die Welt als Mosaik

Hast du den Überblick? Prüfe dein Wissen im Schnelltest.

1. Wer oder was ist das Kap Horn?

die Landspitze von Südamerika	6
die Landspitze von Afrika	8
die Landspitze von Indien	17

2. Wie nennt man die Einwohner der Elfenbeinküste?

Elfenbeiner	12
Ivoriter	7
Ivorer	2

3. Wo ist der Marianengraben?

im Pazifischen Ozean	3
im Atlantischen Ozean	21
im Indischen Ozean	16

4. Peking ist die Hauptstadt von …?

Japan	7
Indien	12
China	5

5. Was ist auf der kanadischen Flagge zu sehen?

ein Ahornblatt	16
ein Eichenblatt	11
ein Birkenblatt	3

6. Wer entdeckte Amerika?

Kolumbus	1
da Gama	16
Magellan	14

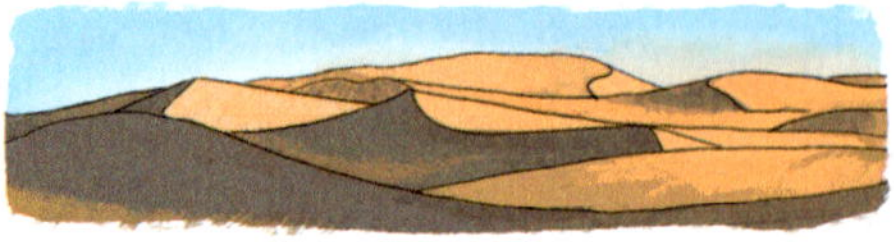

7. Was heißt Sahara übersetzt?

Oase	6
Wüste	14
Blume	1

8. Wer oder was ist der Tango?

ein argentinischer Tanz	18
ein argentinischer Wein	2
eine argentinische Süßspeise	5

9. Was kann man am Ostseestrand finden?

Diamanten	22
Bernstein	4
Seehunde	15

10. Welches Land liegt in Asien?

Spanien	1
Ägypten	4
Mongolei	15

11. Down Under nennt man …?

Antarktis	15
Australien und Neuseeland	17
Arktis	6

12. Welche Flagge hat einen roten Kreis auf weißem Grund?

die türkische Flagge	5
die brasilianische Flagge	2
die japanische Flagge	13

13. Wer oder was sind neuseeländische Kiwis *nicht*?

flugunfähige Vögel in Neuseeland	12
Früchte	23
eine Schinkenart	20

14. Wer oder was ist Renminbi?

die Währung Chinas	8
die Währung Chiles	24
die Währung Belgiens	19

15. Wer oder was sind Inuit?

eine Delikatesse aus Grönland	19
eine Volksgruppe in Grönland	10
die Währung von Grönland	21

16. Kairo ist die Hauptstadt von …?

Ägypten	11
Algerien	10
Argentinien	24

17. Wer oder was ist der Elbrus?

ein See im Kaukasus	18
eine Kletterpflanze	13
ein Berg im Kaukasus	20

18. Wie nennt man die Einwohner von Sardinien?

Sardinen	17
Sarden	9
Sardellen	22

19. Wer oder was ist das brasilianische Rodizo?

gegrilltes Fleisch am Spieß	19
eine Sportart	9
ein traditionelles Lied	8

20. Wer oder was sind Aborigines?

Instrumente	17
die Ureinwohner Australiens	24
eine Süßspeise	11

21. Welches Land liegt *nicht* auf der Iberischen Halbinsel?

Spanien	14
Portugal	9
Italien	22

22. Wer oder was ist das Planettief?

ein sehr hoher Berg	4
eine sehr tiefe Stelle im Ozean	7
eine sehr tiefe Stelle auf dem Land	20

23. Welches Land liegt *nicht* in Südamerika?

Peru	23
Chile	18
Mexiko	23

24. Wer oder was ist der Darling?

ein Berg in Australien	13
ein Fluss in Australien	21
ein See in Australien	10

Die Erde als politische Karte

Spitzbergern (Norw.)
Finnland
Moskau
Weißrussland
Polen
Ukraine
Rumänien
Russland
Nördlicher Polarkreis
Astana
Kasachstan
Ulan-Bator
Mongolei
Usbekistan
Kirgisistan
Turkmenistan
Tadschikistan
Georgien
Ankara
Türkei
Syrien
Libanon
Israel
Bagdad
Irak
Jordanien
Teheran
Iran
Kabul
Afghanistan
Islamabad
Pakistan
China
Peking
Nordkorea
Südkorea
Japan
Tokio
(russische Verwaltung)
Alaska (Bundesstaat der USA)
Kanada
Malta
Tripolis
Libyen
Ägypten
Kuwait
Bahrain
Katar
V.A.E.
Saudi-Arabien
Riad
Oman
Jemen
Nepal
Bhutan
Neu-Delhi
Bangladesch
Indien
Myanmar (Birma)
Naypyidaw
Hanoi
Laos
Thailand
Vietnam
Bangkok
Kambodscha
Taiwan
Manila
Philippinen
Nördliche Marianen (USA)
Tschad
N'Djamena
Sudan
Khartum
Eritrea
Dschibuti
Addis Abeba
Äthiopien
Zentral-afrikanische Republik
Süd-sudan
Somalia
Mogadischu
Uganda
Kenia
Nairobi
Kongo
Dem. Rep. Kongo
Kinshasa
Ruanda
Burundi
Dodoma
Tansania
Sri Lanka
Malediven
Kuala Lumpur
Malaysia
Singapur
Brunei
Palau
Mikronesien
Äquator
Indischer Ozean
Indonesien
Jakarta
Seychellen
Komoren
Angola
Sambia
Malawi
Mosambik
Antananarivo
Madagaskar
Mauritius
Simbabwe
Botsuana
Pretoria
Swasiland
Lesotho
Südafrika
Timor-Leste
Papua-Neuguinea
Port Moresby
Australien
Canberra
Neuseeland
Wellington
Kerguelen (Fr.)
30° östl.L.v.Gr.
60°
90°
120°
150°
180°
Südlicher Polarkreis
22386E
© westermann

Flaggen und Staaten der Erde

Amerika

Argentinien
2 780 403 km^2
41 803 000 Einwohner
Hauptstadt: Buenos Aires

Brasilien
8 547 404 km^2
202 034 000 Einwohner
Hauptstadt: Brasilia

Chile
756 096 km^2
17 773 000 Einwohner
Hauptstadt: Santiago

Kanada
9 984 670 km^2
35 525 000 Einwohner
Hauptstadt: Ottawa

Kuba
110 860 km^2
11 259 000 Einwohner
Hauptstadt: Havanna

Mexiko
1 953 162 km^2
123 799 000 Einwohner
Hauptstadt: Mexiko-Stadt

Peru
1 285 216 km^2
30 769 000 Einwohner
Hauptstadt: Lima

USA
9 809 155 km^2
322 583 000 Einwohner
Hauptstadt: Washington

Venezuela
912 050 km^2
30 851 000 Einwohner
Hauptstadt: Caracas

Europa

Belgien
32 545 km^2
11 144 000 Einwohner
Hauptstadt: Brüssel

Dänemark
43 098 km^2
5 640 000 Einwohner
Hauptstadt: Kopenhagen

Deutschland
357 121 km^2
82 652 000
Hauptstadt: Berlin

Frankreich
543 965 km^2
64 641 000 Einwohner
Hauptstadt: Paris

Europa

Griechenland
131 957 km^2
11 128 000 Einwohner
Hauptstadt: Athen

Italien
301 336 km^2
61 070 000 Einwohner
Hauptstadt: Rom

Kroatien
56 542 km^2
4 272 000 Einwohner
Hauptstadt: Zagreb

Niederlande
41 526 km^2
16 802 000 Einwohner
Hauptstadt: Amsterdam

Norwegen
323 759 km^2
5 092 000 Einwohner
Hauptstadt: Oslo

Österreich
83 879 km^2
8 526 000 Einwohner
Hauptstadt: Wien

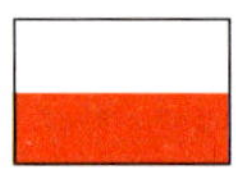

Polen
312 685 km^2
38 221 000 Einwohner
Hauptstadt: Warschau

Russland
17 075 400 km^2
142 468 000 Einwohner
Hauptstadt: Moskau

Schweden
449 964 km^2
9 631 000 Einwohner
Hauptstadt: Stockholm

Schweiz
41 285 km^2
8 158 000 Einwohner
Hauptstadt: Bern

Spanien
504 645 km^2
47 066 000 Einwohner
Hauptstadt: Madrid

Tschechische Republik
78 866 km^2
10 740 000 Einwohner
Hauptstadt: Prag

Vereinigtes Königreich
242 910 km^2
63 489 000 Einwohner
Hauptstadt: London